Portuguese Shortcut

Irineu De Oliveira Jnr

Portuguese Shortcut

Copyright © 2012   Irineu De Oliveira Jnr.

All rights reserved.

ISBN-13:
978-1469912233

ISBN-10:
1469912236

Contents

Chapter 1. The History of the Portuguese Language

Chapter 2. Vowel Sounds and the Phonetic Portuguese Alphabet

Chapter 3. The Linguistic Secret

Chapter 4. Learning to Translate

Chapter 5. Changing TOR to DOR

Chapter 6. Too Close To Miss

Chapter 7. Changing IST to ISTA

Chapter 8. Changing TION to ÇÃO

Chapter 9. Changing the SION to SÃO

Chapter 10. More Instant Portuguese!

Chapter 11. Changing IC/ICAL to ICO/A

Chapter 12. Changing ANT to ANTE

Chapter 13. Changing ENT to ENTE

Chapter 14. Changing ABLE OR IBLE to ÍVEL or ÁVEL

Chapter 15. Changing ATE to AR

Chapter 16. Slightly Different Spellings

Chapter 17. Changing ARY to ÁRIO

Chapter 18. Medical terms – IC to ICO/A

Chapter 19. Changing MENT to MENTO

Chapter 20. Changing ENCE to ÊNCIA

Portuguese Shortcut

Chapter 21. Changing IVE to IVO

Chapter 22. Changing CT to TO

Chapter 23. IFY to IFICAR

Chapter 24. Changing GY to GIA

Chapter 25. AR Verbs

Chapter 26. Changing ORY to ÓRIO

Chapter 27. Changing ID to IDO

Chapter 28. Changing IZE to IZAR

Chapter 29. Changing ANCE to ÂNCIA

Chapter 30. Changing OUS to OSO

Chapter 31. Changing SI to SiS/SE

Chapter 32. Changing ISM to ISMO

Chapter 33. Adding M to AGE

Chapter 34. Lists of Similar Words By Topic

Chapter 35. The Relationship Between Latin Root Languages

Chapter 1.
The History of the Portuguese Language

The Portuguese Language is a Romance language, i.e., it comes from the vulgar Latin language. More than 240 million people speak Portuguese in the world today and over 191 million of those speakers are in Brazil. If you take into consideration the fact that Brazil is the fifth largest country in the world, economically, in population and in size, Brazilian Portuguese is now definitely a language that everyone should learn.

Portuguese has the status of the 7th most spoken language in the world. Portuguese is the singular language of Brazil (*Brasil*), Portugal. Angola, Mozambique (*Moçambique*), Cape Verde (*Cabo Verde*), Guinea-Bissau (*Guiné-Bissau*), São Tomé e Principe, East Timor (*Timor-Leste*) and, Macau, There are also Portuguese speakers in France (*França*), the USA, UK, Luxembourg, Switzerland, Germany, Venezuela, South Africa, Canada, Australia and the Channel Islands, particularly Jersey and Guernsey. So, learning Portuguese is not an eccentricity.

Its closest language is Galician, spoken in Galicia, a Spanish region in the north of Portugal. In truth, Galician and Portuguese were the same language in the Middle Age, split in the XIV century. Spanish is very close to Portuguese, too, which allows speakers of both languages in Latin America to understand each other sometimes, but in many times there is misunderstanding and embarrassment.

In 1986, Portuguese became one of the official languages of the European Union (EU) when Portugal was admitted to the organization. As a result of the Mercosul agreements that created the Southern Latin American Common Market (which includes Brazil), Portuguese will be taught as a foreign language in the other Mercosul member countries.

Chapter 2.

Vowel Sounds and the Phonetic Portuguese Alphabet

VOWEL SOUNDS

a (open) – pronounced "ah"	casa, chá, sábado
ã (nasal) – no equivalence in English	não, canta, câmera
é (open) – as in English "get"	vela, fé
ê (closed) – as the "a" in "say"	medo, você
e (nasal) – no equivalence in English	bem, vento
i (oral) – always like "ee", but shorter	li, vida, título
i (nasal) – no equivalence in English	sim, cinto, tímpano
ó (open) – like "aw" English "saw"	avó, bola
ô (closed) – almost like "o" in "soul"	avô, bolo
õ (nasal) – no equivalence in English	som, pombo, Rômulo
u (oral) – always like "oo", but shorter	tu, pulo
u (nasal) – no equivalence in English	um, sumir, túmulo

PHONETIC PORTUGUESE ALPHABET

(Alfabeto português)

Here is the alphabet phonetically written to allow you to compare the pronounciation of the English alphabet with the Portuguese alphabet.

Notice the pronounciation of the Portuguese (apart from h, e, j, x and y) is easily recognised.

So concentrate on practising the pronounciation of those letters which are not familiar to you.

a	*á*	**b**	*bê*	**c**	*cê*	**d**	*dê*	**e**	*éh*	**f**	*efe*
g	*gê*	**h**	*agá*	**i**	*e*	**j**	*jota*	**k**	*cá*	**l**	*ele*
m	*eme*	**n**	*ene*	**o**	*ó*	**p**	*pê*	**q**	*quê*		
r	*erre*	**s**	*esse*	**t**	*tê*	**u**	*u*	**v**	*vê*		
w	*dábliu*	**x**	*she's*	**y**	*ípsilon*	**z**	*zê*				

Portuguese Shortcut

Chapter 3.

The Linguistic Secret

The linguistic secret are English words with Latin roots.

they are an easy, fast, fun way to get a **Portuguese vocabulary of thousands of words**.

For example, changing **TY** to **DADE** can change most English words that end in **TY** into Portuguese.

For example:
English	Portuguese
Universi**ty**	Universi**dade**
Quali**ty**	Quali**dade**
Ci**ty**	Ci**dade**

1. anxiety — anxiedade
2. authority — authoridade
3. quantity — quantidade
4. community — communidade
5. identity — identidade
6. irresponsibility — irresponsibilidade
7. mentality — mentalidade
8. morality — moralidade
9. necessity — necessidade
10. obesity — obesidade
11. opportunity — opportunidade
12. personality — personalidade
13. reality — realidade
14. society — sociedade

Portuguese Shortcut

Here are few Portuguese words that you can use instantly.

capacidade
cidade
obscuridade
propriedade
ansiedade
caridade
dificuldade
umidade
liberdade
lealdade
 qualidade
quantidade
igualdade
crueldade
humildade
anormalidade
acessibilidade
atividade
adaptabilidade
adversidade
afinidade
agilidade
agressividade
amenidade
ambiguidade
animosidade
ansiedade
anuidade
aplicabilidade
artificialidade
atrocidade
autenticidade
autoridade
brevidade
brutalidade
calamidade
qualidade
quantidade
capacidade
celebridade
cidade
civilidade
compatibilidade
comunidade
continuidade

criatividade
credibilidade
cristandade
curiosidade
deformidade
densidade
dignidade
desonestidade
disparidade
diversidade
divindade
domesticidade
dualidade
duplicidade
durabilidade
elasticidade
eletricidade
elegibilidade
enormidade
entidade
equidade
especialidade
espiritualidade
espontaneidade
estabilidade
esterilidade
eternidade
eventualidade
exclusividade
expressividade
falibilidade
familiaridade
fatalidade
felicidade
feminidade
ferocidade
fertilidade
fidelidade
finalidade
flexibilidade
formalidade
fragilidade
fraternidade
frugalidade
funcionalidade

generosidade
generalidade
gravidade
hilaridade
hiperatividade
honestidade
hospitalidade
hostilidade
humanidade
identidade
ilegalidade
ilegibilidade
imparcialidade
impossibilidade
improbabilidade
impropriedade
impunidade
incapacidade
incompatibilidade
indignidade
individualidade
inevitabilidade
infalibilidade
inferioridade
infertilidade
infidelidade
inflexibilidade
informalidade
imortalidade
imunidade
insegurança
insinceridade
integridade
intensidade
tolerabilidade
invisibilidade
invulnerabilidade
irracionalidade
irregularidade
irresponsabilidade
legalidade
legibilidade
longevidade
magnanimidade
maleabilidade

Portuguese Shortcut

marginalidade
masculinidade
maternidade
mediocridade
mentalidade
modalidade
modernidade
monstruosidade
moralidade
mortalidade
municipalidade
necessidade
negatividade
neutralidade
normalidade
novidade
obesidade
objetividade
obscenidade
oportunidade
originalidade
paridade
paternidade
peculiaridade

perpetuidade
personalidade
perversidade
pluralidade
polaridade
popularidade
possibilidade
posteridade
prioridade
probabilidade
produtividade
profundidade
promiscuidade
propriedade
prosperidade
proximidade
publicidade
pontualidade
racionalidade
realidade
regularidade
relatividade
respeitabilidade
responsabilidade

senilidade
sensibilidade
sensualidade
serenidade
gravidade
sexualidade
simplicidade
sinceridade
singularidade
sobriedade
sociedade
solidariedade
subjetividade
superficialidade
superioridade
tenacidade
totalidade
trindade
trivialidade
unidade
uniformidade
universidade
vaidade

Chapter 4.
Learning to Translate

These English words have been translated into Portuguese by changing **ECT or TH** to **T**.

Write down the English word next to the Portuguese word

professor   _____
protetor   _____
sucessor   _____
tenor   _____
tutor   _____
ator   _____
agressor   _____
autor   _____
auditor   _____
benfeitor   _____
editor   _____
impostor   _____
inspetor   _____
instrutor   _____
inventor   _____
opressor   _____
pastor   _____
diretor   _____
doutor   _____

Portuguese Shortcut

Chapter 5.

Changing TOR to DOR

Most English words that end in **tor** can be made into Portuguese by changing **tor** to **dor**.

Practise the words below and you will see how easily they roll from your tongue:

Translate these words into Portuguese and then check the answers on the next page.

1. administrator — administrador
2. applicator — aplicador
3. aviator — aviador
4. commentator — commentador
5. communicator — comunicador
6. competitor — competidor
7. conqueror — conque:
8. contributor — contribudor
9. coordinator — coordenador
10. creator
11. decorator
12. dictator
13. distributor
14. educator
15. elevator
16. exterminator
17. facilitator
18. gladiator

You can **use them instantly to speak Portuguese**.

operador
senador
traidor
decorador
ditador
distribuidor
administrador
aplicador
aviador
comentador
comunicador
competidor
elevador
indicador
imitador
inovador
instigador
legislador
matador
mediador
moderador
narrador
exterminador
facilitador
gladiador
ilustrador
conquistador
contribuidor
coordenador
criador
educador

Chapter 6.
Too Close To Miss

Here are some examples of **Portuguese Vocabulary** words that don't follow any pattern. However they are too close to miss and you'll recognize then right away.

Write the English translation next to the Portuguese word:

hábito	celular	passaporte
honesto	cliente	pessoa
hostil	conflito	restaurante
irregular	detalhes	resto
mapa	dólar	sincero
mínimo	exemplo	problema
momento	espetacular	proibido
adulto	calculadora	promessa
análises	futuro	reserva
armas	guitarra	
brilhante	origem	
carisma	parte	
sólido	tráfico	
telefone	votos	

Portuguese Shortcut

These Portuguese words aren't as obvious as the words in the first 4 categories. However with a little lateral thinking you should be able to figure most of them out.

Exercise
Try and guess what these words mean in English. Write the English on the line.

Professor   _____
Estudante   _____
Cursor   _____
Mouse   _____
Menu   _____
Americano   _____
Mexicano   _____
Britânico   _____
Estação de trem   _____
Estação de metrô   _____
Teatro   _____
Cinema   _____
Anestesia   _____
Cirurgião   _____
Operação   _____
Máscara cirúrgica   _____
Laboratório técnico _____
Construtor   _____
Gráfico designer   _____

Chapter 7.
Changing IST to ISTA

Most English words that end in **ist** can be made into Portuguese by changing **ist** to **ista**.

Translate these words into Portuguese and then check the answers on the next page.

1. baptist _____
2. cyclist _____
3. communist _____
4. specialist _____
5. stylist _____
6. extremist _____
7. list _____
8. receptionist _____
9. socialist _____
10. orthodontist _____
11. tourist _____
12. violinist _____

Here are some Portuguese words for you to use right away

artista
batista
capitalista
ciclista
comunista
conservacionista
dentista
economista
especialista
estilista
extremista
fascista
feminista
finalista
futurista
guitarrista
humanista
imperialista
impressionista
lista
marxista
materialista

metodista
nacionalista
novelista
nudista
nutricionista
oportunista
otimista
ortodontista
pacifista
perfeccionista
pessimista
pianista
pragmatista
protecionista
publicista
purista
racista
realista
recepcionista
reformista
reservista
semifinalista

sexista
socialista
solista
surrealista
terrorista
tradicionalista
turista
violinista

Chapter 8.
Changing TION to ÇÃO

Most English words that end in **tion** can be made into Portuguese by changing **tion** to **ção**.

Translate these words into Portuguese and then check the answers on the next page.

1. action _____
2. accusation _____
3. addition _____
4. affiliation _____
5. commemoration _____
6. collection _____
7. creation _____
8. fiction _____
9. globalization _____
10. imperfection _____
11. lotion _____
12. simulation _____
13. transaction _____
14. transformation _____
15. vegetation _____

Here are more Portuguese words you can use right away.

abreviação
ação
ativação
acumulação
acusação
adição
administração
admiração
adoção
afiliação
afirmação
aflição
agitação
alteração
ambição
americanização
animação
anotação
antecipação
aplicação
apreciação
aproximação
assimilação
associação
atração
atenção
audição
autorização
aviação
comemoração
capitalização
celebração
centralização
certificação
circulação
civilização
classificação
coalisão

cognição
colaboração
coleção
colonização
combinação
compensação
competição
complicação
comunicação
concentração
concepção
condição
confederação
confirmação
confrontação
congregação
conjugação
conservação
consideração
consolação
consolidação
constipação
constituição
construção
contaminação
contemplação
continuação
contração
contradição
contribuição
convenção
convicção
cooperação
coordenação
coroação
corporação
correção
correlação

corrupção
criação
declaração
decoração
dedicação
definição
demolição
demonstração
deportação
descrição
destinação
destruição
detenção
determinação
devastação
devoção
diferenciação
direção
descrição
discriminação
dissertação
disfunção
distração
distribuição
diversificação
documentação
dominação
doação
dramatização
duplicação
duração
edição
educação
eleição
eletrocussão
elevação
eliminação
emancipação

emigração
emoção
emulação
ereção
erupção
especialização
especificação
especulação
estabilização
esterilização
avaliação
evaporação
evolução
verificação
escavação
exceção
exclamação
exibição
expedição
exploração
exportação
exposição
extinção
extração
falsificação
federação
fermentação
fertilização
ficção
filtração
flutuação
formação
formulação
fundação
fração
fricção
fumigação
função
generalização
globalização
graduação

gravitação
identificação
ignição
iluminação
ilustração
imaginação
imitação
imperfeição
implicação
importação
inauguração
indiscrição
infecção
inflação
inflamação
informação
inibição
inovação
inquisição
inspeção
inspiração
instalação
instituição
instrução
insurreição
integração
intenção
intercepção
interrogação
interrupção
interseção
intervenção
intimidação
introdução
intuição
invenção
investigação
incitação
irrigação
irritação
justificação

laminação
legalização
legislação
liberação
limitação
lipossução
mitigação
loção
lubricação
má nutrição
manifestação
manipulação
medicação
meditação
memorização
menção
menstruação
migração
moderação
modificação
monopolização
motivação
multiplicação
nação
narração
negação
negociação
noção
nominação
nutrição
objeção
obrigação
observação
obstrução
ocupação
opção
operação
oposição
organização
participação
percepção

perfeição
perseguição
personalização
poção
poluição
porção
posição
precaução
predição
premonição
preparação
preposição
prescrição
preservação
presunção
prevenção
privatização
proclamação
produção
proibição
promoção
pronunciação
proposição
prostituição
proteção
provocação
publicação

pontuação
purificação
reação
recepção
recomendação
reconciliação
recreação
recuperação
redução
reeleição
reencarnação
refrigeração
regulação
reabilitação
renovação
reorganização
repetição
representação
reputação
reserva
resolução
respiração
retribuição
revelação
revolução
rotação
salvação

satisfação
saturação
seção
sedação
sedução
segregação
seleção
sensação
separação
simplificação
simulação
situação
sofisticação
solução
superstição
tradição
transação
transformação
transição
validação
variação
vegetação
ventilação
verificação
vibração
visualização

Chapter 9.
Changing the SION to SÃO

This change is even easier than the last.

For example:

English   **Portuguese**
conclusion   conclusão
decision   decisão

Translate these words into Portuguese and then check the answers on the next page.

1. emission   _____
2. decision   _____
3. profession   _____
4. session   _____
5. division   _____
6. inclusion   _____
7. mission   _____
8. oppression   _____
9. supervision   _____
10. television   _____
11. immersion   _____
12. revision   _____
13. vision   _____
14. tension   _____

Here are more Portuguese words for you to use right away.

abrasão	excursão	pretensão
admissão	expansão	procissão
agressão	explosão	profissão
apreensão	expressão	progressão
aversão	expulsão	propulsão
colisão	extensão	provisão
comissão	ilusão	recessão
compaixão	impressão	regressão
compreensão	inclusão	remissão
compressão	indecisão	repercussão
concessão	infusão	repressão
conclusão	imersão	repulsão
confissão	intrusão	reversão
confusão	invasão	revisão
conversão	inversão	sessão
corrosão	mansão	subdivisão
decisão	missão	supervisão
depressão	obsessão	supressão
descompressão	ocasião	suspensão
difusão	omissão	televisão
dimensão	opressão	tensão
divisão	paixão	transfusão
emissão	pensão	transgressão
emulsão	percussão	transmissão
erosão	persuasão	versão
exclusão	precisão	visão

Chapter 10.
More Instant Portuguese!

Here are more Instant Portuguese words you can use right away.

abdominal	convencional	facial
acidental	conversacional	fatal
antissocial	coral	federal
anual	cordial	fenomenal
artificial	corporal	festival
audiovisual	correcional	fetal
bilateral	credencial	feudal
bissexual	criminal	final
brutal	cristal	fiscal
canibal	crucial	floral
carnaval	cultural	focal
casual	decimal	formal
catedral	dental	fraternal
celestial	devocional	frontal
central	diagonal	frugal
cereal	ditatorial	funcional
cerebral	diferencial	fundamental
cerimonial	digital	funeral
circunstancial	dimensional	gastrointestinal
colonial	disfuncional	geracional
coloquial	dual	global
colossal	editorial	gradual
comercial	eleitoral	gramatical
comunal	emocional	gravitacional
conceptual	essencial	habitual
condicional	especial	heterossexual
confidencial	espinhal	homossexual
confrontacional	espiritual	horizontal
constitucional	estrutural	hormonal
contextual	excepcional	hospital
continental	existencial	ideal
contratual	experimental	ilegal
controversa	exponencial	imparcial

imperial
impessoal
inaugural
incidental
individual
industrial
infernal
informal
inicial
imaterial
imoral
imortal
institucional
instrumental
insubstancial
integral
intelectual
intencional
intercontinental
internacional
inter-racial
intestinal
irracional
jovial
judicial
lateral
legal
letal
liberal
literal
local
manual
marcial
marginal
material
maternal
matriarcal
matrimonial
medieval
menstrual
mental
metal
mineral
modal
monumental
moral
mortal
multicultural
multifuncional
multinacional
municipal
mural
musical
mutual
nacional
nasal
natural
naval
neandertal
neutral
nominal
normal
nupcial
nutricional
ocasional
octogonal
ocupacional
oficial
opcional
operacional
oral
ordinal
organizacional
oriental
original
ornamental
oval
papal
paranormal
parcial
paroquial
pastoral
patrimonial
peitoral
pedal
pedestal
penal
pessoal
plural
portal
posicional
postal
pós-natal
potencial
preferencial
pré-natal
pré-nupcial
presidencial
primordial
principal
profissional
promocional
proporcional
proverbial
provincial
provisional
pontual
racial
racional
radial
radical
real
recital
regional
residencial
residual
reverencial
ritual
rival
rural
sacrificial
sequencial
semifinal

Portuguese Shortcut

sensacional	temperamental	unilateral
sensual	terminal	universal
sentimental	territorial	usual
sexual	testimonial	verbal
social	tonal torrencial	vertical
subliminal	total	viral
subtotal	tradicional	virtual
subtropical	transcendental	visual
superficial	transexual	vital
supernatural	tribal	vocacional
surreal	trivial	vocal
substancial	tropical	

Chapter 11.
Changing IC/ICAL to ICO/A

Most English words that end in **ical** can be made into Portuguese by changing **ical** to **ico**.

English   **Portuguese**

Economi**cal**   econômico(a)
Fantas**ic**   fantástico(a)

Translate these words into Portuguese and then check the answers on the next page.

1. economical   _____
2. magical   _____
3. plastic   _____
4. mechanic   _____
5. phonetic   _____
6. poetical   _____
7. political   _____
8. technical   _____
9. mathematical   _____
10. mechanical   _____
11. medical   _____
12. atlantic   _____
13. Catholic   _____
14. dramatic   _____

Here are more Portuguese words you can use right away

acadêmico
acrílico
acrobático
acústico
aeróbico
agnóstico
alcoólico
alérgico
alfabético
altruístico
anabólico
analítico
anêmico
anestésico
anoréxico
antártico
antibiótico
antidemocrático
antissemítico
antisséptico
apologético
aquático
arcaico
aristocrático
aritmético
aromático
ártico
artístico
artrítico
assimétrico
asmático
astronômico
ático
atlântico
atlético
atmosférico
atômico
autêntico
artístico

autobiográfico
autocrático
automático
balístico
balsâmico
báltico
básico
biográfico
bombástico
botânico
bubônico
burocrático
calisténico
caótico
caraterístico
carismático
catastrófico
católico
cerâmico
científico
cilíndrico
cinético
cínico
cítrico
cívico
clássico
climático
cólico
cómico
cosmético
cósmico
críptico
crítico
crónico
cronológico
cúbico
democrático
demográfico
diabético

diabólico
diagnóstico
dinâmico
diplomático
disléxico
dogmático
doméstico
dramático
drástico
eclético
eclesiástico
econômico
egocêntrico
elástico
elétrico
eletromagnético
eletrônico
enfático
enigmático
entusiástico
épico
epiléptico
erótico
errático
ascético
esotérico
específico
estático
estadístico
estético
estilístico
estratégico
ético
étnico
eufórico
evangélico
excêntrico
exótico
fanático

fantástico
filantrópico
filosófico
fóbico
fólico
folclórico
fonético
fotogénico
fotográfico
frenético
galático
gástrico
gastronômico
genérico
genético
geográfico
geométrico
geriátrico
germânico
ginástico
gótico
gráfico
harmônico
hedonístico
herético
hidráulico
higiênico
hipnótico
hipodérmico
hispânico
histérico
histórico
ideológico
idílico
idiomático
ilógico
irónico
islâmico
isométrico
itálico
jurássico

lacónico
letárgico
linguístico
lírica/letra
lógico
logística
lunático
mágico
magnético
matemático
mecânico
médico
melódico
melodramático
metafísico
metafórico
metálico
meteórico
metódico
métrico
microscópico
misantrópico
místico
mítico
mnemônico
narcótico
neurótico
nórdico
nostálgico
numérico
orgânico
ortopédico
pacífico
pânico
panorâmico
patético
patriótico
pediátrico
periódico
plástico
platônico

poético
pornográfico
pragmático
pré-histórico
problemático
profético
prolífico
psicodélico
psiquiátrico
psíquico
público
retórico
rítmico
robótico
romântico
rústico
sarcástico
séptico
simbólico
simétrico
sintético
sintomático
sistemático
sônico
supersônico
tático
telepático
temático
titânico
tônico
tópico
tóxico
tráfico
trágico
traumático
trópico
turístico
vulcânico
alérgico
anabólico

Chapter 12.
Changing ANT to ANTE

Most English words that end in **ant** can be made into Portuguese by changing **ant** to **ante**.

Translate these words into Portuguese and then check the answers on the next page.

1. deodorant   _____
2. elephant   _____
3. distant   _____
4. giant   _____
5. Protestant   _____
6. relevant   _____
7. transplant   _____
8. occupant   _____
9. merchant   _____
10. restaurant   _____

Here are more Portuguese words you can use right away.

abundante
antioxidante
arrogante
brilhante
colorante
comandante
consoante
consultante
contaminante
debutante
desinfetante
desodorante
distante
dominante
elefante
elegante
emigrante
entrante
errante
estimulante
exorbitante

expectante
extravagante
exuberante
fumegante
gigante
ignorante
implante
importante
incessante
indignante
infante
informante
imigrante
inobservante
insignificante
instante
intolerante
irrelevante
irritante
lubrificante
mercante

militante
mutante
observante
ocupante
participante
picante
predominante
protestante
radiante
rampante
recalcitrante
redundante
relaxante
relevante
repugnante
ressonante
restaurante
suplicante
tolerante
transplante
variante

Chapter 13.
Changing ENT to ENTE

Most English words that end in **ent** can be made into Portuguese by changing **ent** to **ente**.

Translate these words into Portuguese and then check the answers on the next page.

1. accident _____
2. agent _____
3. client _____
4. competent _____
5. continent _____
6. dependent _____
7. different _____
8. diligent _____
9. disobedient _____
10. efficient _____
11. excellent _____
12. permanent _____
13. president _____
14. sufficient _____
15. urgent _____

Portuguese Shortcut

Here are more Portuguese words you can use right away.

absorvente
acidente
adjacente
adolescente
agente
ambiente
ambivalente
antecedente
aparente
benevolente
cliente
coerente
competente
componente
concorrente
confidente
congruente
continente
contingente
conveniente
convergente
correspondente
decadente
decente
deficiente
delinquente
dependente
descendente
detergente
diferente
diligente
desobediente
dissidente
divergente
eficiente
eloquente

eminente
equivalente
evidente
excelente
florescente
frequente
eminente
impaciente
impertinente
impotente
imprudente
incandescente
incidente
incoerente
incompetente
incongruente
inconveniente
indecente
independente
indiferente
indulgente
ineficiente
ingrediente
inerente
inocente
insistente
insolente
insolvente
insuficiente
insurgente
inteligente
interdependente
intermitente
irrcvcrente
latente
magnificente

negligente
nutriente
obediente
onipotente
onipresente
onisciente
oriente
patente
paciente
permanente
persistente
pertinente
potente
preeminente
preexistente
presente
presidente
proeminente
recente
recipiente
recorrente
repelente
residente
reticente
serpente
solvente
suficiente
superintendente
tangente
torrente
transcendente
transparente
urgente
vice-presidente

33

Portuguese Shortcut

Chapter 14.
Changing ABLE OR IBLE to ÍVEL or ÁVEL

Translate these words into Portuguese and then check the answers on the next page.

1. visible   _____
2. acceptable   _____
3. sociable   _____
4. adaptable   _____
5. adjustable   _____
6. applicable   _____
7. combustible   _____
8. flexible   _____
9. horrible   _____
10. possible   _____
11. invisible   _____
12. reversible   _____

Here are more Portuguese words you can use right away.

aceitável
adaptável
admirável
admissível
adorável
afável
ajustável
aplicável
apreciável
audível
biodegradável
calculável
combustível
comparável
compatível
considerável
consolável
consumível
contestável
controlável
conversível
corruptível
culpável
curável
demonstrável
deplorável
determinável
detestável
disputável
divisível
durável
excitável
explicável
explorável
exportável
falível
favorável
flexível
formidável

habitável
honorável
horrível
ilegível
imaginável
impecável
imperceptível
impossível
impressionável
improvável
inacessível
inaceitável
inadmissível
inalienável
inaudível
incalculável
incomparável
incompreensível
inconsolável
incontrolável
incorruptível
incurável
indefinível
indescritível
indispensável
indisputável
inestimável
inevitável
inexcusável
inexplicável
infalível
inflamável
inflexível
inimaginável
ininteligível
inoperável
insaciável
inseparável
insociável

intangível
intolerável
invariável
invisível
irreconciliável
irresistível
irrevocável
irritável
lamentável
laudável
legível
maleável
memorável
negociável
notável
observável
operável
palpável
passável
perceptível
perdoável
permissível
plausível
possível
preferível
apresentável
provável
programável
recomendável
reconciliável
reparável
respeitável
responsável
reversível
separável
sociável
solúvel
tangível
terrível

toler ável variável vulnerável
transferível viável
transformável Visível

Chapter 15.

Changing ATE to AR

Here is a list of 204 English words that end in ate take **ate** and replace for **ar**.

Write the Portuguese word next to the English word listed here.

accumulate
(acumular)
abbreviate
accelerate
activate
administrate
affiliate
agitate
aggravate
aggregate
alienate
altercate
alternate
amputate
animate
anticipate
appreciate
approximate
articulate
assassinate
asphyxiate
assimilate
associate
authenticate

calculate
castigate
castrate
celebrate
circulate
coagulate
colhaborate
compensate
complicate
communicate
concentrate
confiscate
congratulate
congregate
conjugate
consolidate
contaminate
contemplate
cooperate
coordinate
corroborate
create
culminate
cultivate

debilitate
decapitate
decorate
dedicate
degenerate
delegate
deliberate
delineate
denigrate
denunciate
depreciate
designate
desolate
deteriorate
devastate
ditate
differentiate
dilate
discriminate
disseminate
dislocate
domesticate
dominate
donate

Portuguese Shortcut

duplicate
educate
elaborate
eliminate
emanate
emancipate
emasculate
emigrate
enumerate
enunciate
equivocate
speculate
estimate
strangulate
evacuate
evaporate
exaggerate
exasperate
excavate
exfoliate
exonerate
expatriate
exterminate
fabricate
facilitate
fascinate
filtrate
flutuate
formulate
fornicate
frustrate
fumigate
generate
gesticulate
graduate
habituate
hesitate
humiliate
ilhuminate
imitate
implicate

inaugurate
incinerate
incorporate
incriminate
incubate
indicate
infatuate
infiltrate
inflate
initiate
immigrate
inovate
inoculate
insinuate
instigate
insulate
interrogate
intimidate
intoxicate
investigate
irradiate
irrigate
irritate
lacerate
liberate
liquidate
litigate
lubricate
manipulate
masticate
meditate
menstruate
moderate
motivate
mutilate
narrate
navigate
necessitate
negate
negotiate
nominate

obrigate
originate
orchestrate
oscilhate
oxygenate
palpate
participate
penetrate
perforate
perpetuate
postulate
precipitate
predicate
predominate
premeditate
proliferate
prognosticate
propagate
radiate
reciprocate
recuperate
refrigerate
regenerate
regulate
regurgitate
rehabilitate
reiterate
relegate
remunerate
renovate
repatriate
resuscitate
revalidate
saturate
segregate
separate
syncopate
syndicate
situate
subordinate
substantiate

Portuguese Shortcut

terminate	vacillate	ventilate
tolerate	validate	vibrate
triangulate	vegetate	vindicate

Portuguese version

abreviar	parabenizar	dominar
acelerar	congregar	doar
ativar	conjugar	duplicar
acumular	consolidar	educar
administrar	contaminar	elaborar
afiliar	contemplar	eliminar
agitar	cooperar	emanar
agravar	coordenar	emancipar
agregar	corroborar	emascular
alienar	criar	emigrar
altercar	culminar	enumerar
alternar	cultivar	enunciar
amputar	debilitar	equivocar
animar	decapitar	especular
antecipar	decorar	estimar
admirar	dedicar	estimular
aproximar	degenerar	estrangular
articular	delegar	evacuar
assassinar	deliberar	evaporar
asfixiar	delinear	exagerar
assimilar	denigrar	exasperar
associar	denunciar	escavar
autenticar	depreciar	esfoliar
calcular	derivar	exonerar
castigar	designar	expatriar
castrar	desolar	exterminar
celebrar	deteriorar	fabricar
circular	devastar	facilitar
coagular	ditar	fascinar
colaborar	diferenciar	filtrar
compensar	dilatar	flutuar
complicar	discriminar	formular
comunicar	disseminar	fornicar
concentrar	deslocar	frustrar
confiscar	domesticar	fumigar

gerar
gesticular
graduar
habituar
hesitar
humilhar
iluminar
imitar
implicar
inaugurar
incinerar
incorporar
incriminar
incubar
indicar
enfatuar
infiltrar
inflar
iniciar
imigrar
inovar
inocular
insinuar
instigar
insular
interrogar
intimidar
intoxicar
investigar
irradiar
irrigar
irritar
lacerar
liberar

liquidar
litigar
lubricar
manipular
mastigar
medicar
meditar
menstruar
moderar
motivar
mutilar
narrar
navegar
necessitar
negar
negociar
nominar
obrigar
originar
orquestrar
oscilar
oxigenar
palpar
participar
penetrar
perfurar
perpetuar
postular
precipitar
predicar
predominar
premeditar
proliferar
prognosticar

propagar
radiar
reciprocar
recuperar
refrigerar
regenerar
regular
regurgitar
reabilitar
reiterar
relegar
remunerar
renovar
repatriar
ressuscitar
revalidar
saturar
segregar
separar
sincopar
sindicar
situar
subordinar
substanciar
terminar
tolerar
triangular
vacilar
validar
vegetar
ventilar
vibrar
vindicar
violar

Portuguese Shortcut

Chapter 16.
Slightly Different Spellings

Changing **S** to **ES** is another rule. I've put the English word next to the Portuguese word that may not be immediately obvious to help you compare some of the words below for different spellings.

Translate these words into Portuguese and then check the answers on the next page.

A. escala _____

B. escapar _____

C. estrutura _____

D. espaguete _____

E. espátula _____

F. especial _____

G. especialista _____

H. espetacular _____

I. espetáculo _____

J. espiral _____

K. espírito _____

L. esplendor _____

Portuguese Shortcut

Here are more Portuguese words you can use right away.

scale	stature
spaghetti	stereo
spatula	sterile
special	sterling
specialist	stylist
specimen	style
spetacular	stomach
spetacle	strategy
spiral	structure
spirit	student
splendor	studio
stadium	stupendous
state	stupidity
static	stupid
statue	stupor

Chapter 17.
Changing ARY to ÁRIO

Many English words that end with **ary** can be made into Portuguese by changing **ary** to **ário**.

Translate these words into Portuguese and then check the answers on the next page.

1. adversary   _____
2. anniversary   _____
3. dictionary   _____
4. disciplinary   _____
5. dispensary   _____
6. glossary   _____
7. necessary   _____
8. intermediary   _____
9. legendary   _____
10. salary   _____
11. temporary   _____
12. secretary   _____
13. visionary   _____
14. vocabulary   _____

Here are more Portuguese words you can use right away.

adversário
aniversário
arbitrário
binário
canário
contrário
coronário
culinário
diário
dicionário
dignitário
disciplinário
dispensário
divisionário
estacionário
extraordinário
glossário
hereditário
honorário
imaginário
intermediário
involuntário
ternário
legendário
literário
mercenário
monetário

necessário
notário
obituário
ordinário
ovário
penitenciário
planetário
primário
reacionário
revolucionário
rosário
rudimentário
salário
sanitário
santuário
secundário
secretário
sedimentário
solitário
subsidiário
sumário
suplementário
temporário
terciário
tributário
veterinário

Chapter 18.
Medical terms – IC to ICO/A

Many medical terms are found by changing endings from IC to ICO/A.

alérgico
anabólico
anatômico
anêmico
anestésico
anoréxica
antibiótico
antisséptico
artrítico
crônico
diabético
diagnóstico
disléxico
epiléptico
gástrico

geriátrica
hipodérmico
holística
homeopático
médico
ótico
ortopédico
pediátrico
psiquiátrico
reumático
sintomático
terapêutico
tônico
tóxico
traumático

Portuguese Shortcut

Chapter 19.

Changing MENT to MENTO

Many English words that end with **ment** can be made into Portuguese by changing to **mento**.

Translate these words into Portuguese and then check the answers on the next page.

1. apartment　　　＿＿＿＿＿＿＿＿＿＿

2. document　　　＿＿＿＿＿＿＿＿＿＿

3. element　　　＿＿＿＿＿＿＿＿＿＿

4. instrument　　　＿＿＿＿＿＿＿＿＿＿

5. moment　　　＿＿＿＿＿＿＿＿＿＿

6. monument　　　＿＿＿＿＿＿＿＿＿＿

7. movement　　　＿＿＿＿＿＿＿＿＿＿

8. supplement　　　＿＿＿＿＿＿＿＿＿＿

9. testament　　　＿＿＿＿＿＿＿＿＿＿

10. treatment　　　＿＿＿＿＿＿＿＿＿＿

Here are more Portuguese words you can use right away.

apartamento
armamento
cimento
compartimento
complemento
condimento
departamento
detrimento
documento
elemento
experimento
fragmento
impedimento
implemento
incremento
instrumento
lamento
ligamento
momento

monumento
movimento
ornamento
parlamento
pavimento
pigmento
regimento
ressentimento
rudimento
sacramento
sedimento
segmento
sentimento
suplemento
temperamento
testamento
tormento
tratamento

Portuguese Shortcut

Chapter 20.
Changing ENCE to ÊNCIA

Many English words that end with **ence** can be made into Portuguese by changing **ence** to **ência/ça**.

Translate these words into Portuguese and then check the answers on the next page.

1. adolescence _____
2. science _____
3. circumference _____
4. coincidence _____
5. competence _____
6. conference _____
7. correspondence _____
8. difference _____
9. evidence _____
10. experience _____
11. preference _____
12. presence _____

Here are more Portuguese words you can use right away.

abstinência
adolescência
ambivalência
antiviolência
audiência
benevolência
cadência
ciência
circunferência
coexistência
coerência
coincidência
competência
complacência
consciência
condolência
conferência
confiança
congruência
consequência
convalescença
conveniência
convergência
correspondência
dependência
desobediência
diferença
diligência

dissidência
eloquência
emergência
eminência
essência
evidência
excelência
existência
experiência
frequência
impaciência
impertinência
impotência
imprudência
incoerência
incompetência
inconsistência
inconsistência
incontinência
independência
indiferença
inexperiência
inferência
influência
inocência
insistência
inteligência
interdependência

interferência
licença
magnificência
negligência
obediência
obsolescência
onipotência
onipresença
opulência
paciência
persistência
preeminência
preferência
presença
proeminência
providência
referência
residência
relutância
sequência
subsistência
teleconferência
transferência
transparência
turbulência
videoconferência
violência

Chapter 21.
Changing IVE to IVO

Many English words that end with **ive** can be made into Portuguese by changing **ive** to **ivo**.

Translate these words into Portuguese and then check the answers on the next page.

1. active　　　　　　_____
2. administrative　　_____
3. affirmative　　　　_____
4. archive　　　　　　_____
5. creative　　　　　 _____
6. decisive　　　　　 _____
7. exclusive　　　　　_____
8. executive　　　　　_____
9. exhaustive　　　　_____
10. fugitive　　　　　_____
11. positive　　　　　_____
12. intensive　　　　 _____
13. negative　　　　　_____
14. productive　　　　_____

Here are more Portuguese words you can use right away.

abrasivo
abusivo
ativo
acumulativo
adesivo
aditivo
aditivo
adjetivo
administrativo
adotivo
afetivo
afirmativo
agressivo
alternativo
alusivo
apreensivo
arquivo
associativo
atrativo
autorizativos
cognitivo
coesivo
colaborativo
coletivo
combativo
comparativo
competitivo
compulsivo
comunicativo
conclusivo
condutivo
comemorativo
consecutivo
conservativo
construtivo
contemplativo
cooperativo
corretivo

corrosivo
corruptivo
criativo
qualitativo curativo
decisivo
defensivo
definitivo
degenerativo
digestivo
demonstrativo
depressivo
derivativo
descritivo
destrutivo
diminutivo
diretivo
distintivo
decisivo
educativo
efetivo
eletivo
erosivo
especulativo
evasivo
evocativo
excessivo
exclusivo
executivo
exaustivo
expansivo
explorativo
explosivo
expressivo
extensivo
festivo
figurativo
formativo
fugitivo

hiperativo
ilustrativo
imaginativo
imitativo
imperativo
improdutivo
impulsivo
inativo
incentivo
incisivo
inclusivo
indicativo
infinitivo
informativo
inofensivo
inquisitivo
instintivo
instrutivo
intensivo
interpretativo
interrogativo
intransitivo
introspetivo
intuitivo
inventivo
legislativo
lucrativo
massivo
motivo
narrativo
nativo
negativo
nominativo
objetivo
obsessivo
ofensivo
operativo
opressivo

passivo	radioativo	retentivo
perceptivo	reativo	retroativo
permissivo	receptivo	retrospectivo
persuasivo	recessivo	sedativo
possesivo	recreativo	dedutivo
positivo	reflexivo	seletivo
preparativo	regressivo	subjetivo
presuntivo	relativo	subjuntivo
preventivo	repetitivo	subversivo
primitivo	representativo	sucessivo
produtivo	repressivo	sugestivo
progressivo	reprodutivo	superlativo
proibitivo	repulsivo	tentativo
prospetivo	respetivo	transitivo
provocativo	restritivo	vegetativo

Portuguese Shortcut

Chapter 22.
Changing CT to TO

Many English words that end with **ct** can be made into Portuguese by changing **ct** to **to**.

Translate these words into Portuguese and then check the answers on the next page.

1. act _____
2. architect _____
3. conflict _____
4. contact _____
5. contract _____
6. indirect _____
7. insect _____
8. object _____
9. product _____
10. project _____

Here are more Portuguese words you can use right away.

abstrato
ato
afeto
arquiteto
artefato
aspecto
compacto
conflito
contato
contrato
convicto
correto
defeito
dialeto
direto
distinto
distrito
efeito
eleito
estrito
exato
extinto

extrato
impacto
imperfeito
incorreto
indireto
indistinto
inexato
inseto
instinto
intato
intelecto
objeto
pacto
perfeito
produto
prospecto
projeto
seleto
sucinto
tato
veredito
viaduto

Portuguese Shortcut

Chapter 23.

IFY to IFICAR

Many English words that end with **IFY** can be made into Portuguese infinitives by changing **IFY** to **IFICAR**.

Translate these words into Portuguese and then check the answers on the next page

1. amplify   _____
2. certify   _____
3. clarify   _____
4. qualify   _____
5. diversify   _____
6. classify   _____
7. identify   _____
8. intensify   _____
9. justify   _____
10. modify   _____
11. testify   _____
12. verify   _____

Here are more Portuguese words you can use right away.

acidificar
amplificar
certificar
clarificar
codificar
crucificar
qualificar
quantificar
danificar
diversificar
classificar
danificar
dignificar
edificar
eletrificar
falsificar
fortificar
gasificar
glorificar
gratificar
umidificar
identificar

intensificar
justificar
magnificar
mistificar
modificar
mumificar
mortificar
pacificar
personificar
petrificar
purificar
ratificar
retificar
santificar
significar
simplificar
solidificar
testificar
tipificar
unificar
verificar

Chapter 24.
Changing GY to GIA

Many English words that end with **GY** can be made into Portuguese by changing **GY** to **GIA**.

Translate these words into Portuguese and then check the answers on the next page

1. allergy   _____
2. biology   _____
3. dermatology   _____
4. ecology   _____
5. physiology   _____
6. genealogy   _____
7. gynecology   _____
8. microbiology   _____
9. psychology   _____
10. radiology   _____

Here are more Portuguese words you can use right away.

alergia
analogia
antologia
antropologia
arqueologia
astrologia
biologia
biotecnologia
cosmologia
criminologia
cronologia
dermatologia
ecologia
energia
estratégia
fisiologia
genealogia
geologia
ginecologia
hidrologia

ideologia
meteorologia
metodologia
microbiologia
mitologia
neurologia
numerologia
oncologia
orgia
parapsicologia
patologia
pedagogia
psicologia
radiologia
sinergia
tecnologia
teologia
terminologia
trilogia
zoologia

Chapter 25.
AR Verbs

Many verbs in Portuguese are the same as English verbs you just need to add **ar** to make then into Portuguese infinitives.

Translate these words into Portuguese and then check the answers on the next page

1. abandon _____
2. accept _____
3. adapt _____
4. adopt _____
5. affirm _____
6. alert _____
7. alter _____
8. annex _____
9. arm _____
10. audit _____
11. bronze _____
12. cancel _____
13. detect _____

Here are more Portuguese infinitives you can use right away.

abandonar	debutar	lamentar
aceitar	defraudar	limitar
acreditar	depositar	manifestar
adaptar	desertar	modelar
adotar	designar	optar
adornar	destilar	perdoar
afirmar	detectar	perseverar
alarmar	detestar	plantar
alertar	diagramar	processar
alterar	documentar	professar
anexar	editar	programar
armar	equipar	progressar
assaltar	experimentar	prolongar
auditar	exportar	prospetar
balancear	expressar	prosperar
bronzear	extratar	protestar
acalmar	fermentar	recomendar
cancelar	filmar	reformar
comandar	formar	reportar
comissionar	funcionar	represar
complementar	galopar	resignar
condicionar	governar	resultar
conectar	importar	roubar
confessar	indexar	segmentar
confirmar	infetar	solicitar
conformar	informar	traficar
confrontar	instalar	transformar
considerar	insultar	transportar
consignar	interceptar	triunfar
consultar	interpretar	visitar
contratar	inventar	vomitar
controlar	laborar	

Chapter 26.
Changing ORY to ÓRIO

Many English words that end with **ORY** can be made into Portuguese by changing **ORY** to **ÓRIO**.

Here are more Portuguese words you can use right away.

acessório
acusatório
anti-inflamatório
compensatório
conservatório
contraditório
difamatório
diretório
discriminatório
dormitório
ilusório
inflamatório
insatisfatório
introdutório
laboratório

migratório
obrigatório
observatório
predatório
preparatório
promissório
provisório
purgatório
repertório
repositório
respiratório
satisfatório
supositório
território
transitório

Chapter 27.
Changing ID to IDO

Many English words that end with **id** can be made into Portuguese by changing **id** to **ido**.

Here are more Portuguese words you can use right away.

ácido
antiácido
árido
ávido
cândido
cupido
fluido
frígido
híbrido
insípido
intrépido
inválido
líquido
lívido

lúcido
mórbido
pálido
plácido
rápido
rígido
sólido
sórdido
esplêndido
estúpido
tímido
tórrido
válido
vívido

Portuguese Shortcut

Chapter 28.
Changing IZE to IZAR

Many English verbs that end with **IZE** can be made into Portuguese infinitives by changing **IZE** to **IZAR/ISAR**.

Translate these words into Portuguese and then check the answers on the next page

1. agonize   _____
2. alphabetize   _____
3. analyse   _____
4. authorize   _____
5. baptize   _____
6. brutalize   _____
7. centralize   _____
8. colonize   _____
9. economize   _____
10. personalize   _____
11. organize   _____
12. utilize   _____

Portuguese Shortcut

Here are more Portuguese words you can use right away.

agonizar
alfabetizar
analisar
harmonizar
atomizar
autorizar
barbarizar
batizar
brutalizar
capitalizar
caracterizar
carbonizar
centralizar
climatizar
colonizar
comercializar
cristalizar
democratizar
digitizar
dogmatizar
dramatizar
economizar
energizar
escandalizar
especializar
espiritualizar
estabilizar
estandardizar
esterilizar
evangelizar
exorcizar
familiarizar
fertilizar
finalizar
formalizar
fossilizar

fraternizar
rivalizar
galvanizar
generalizar
homogeneizar
hospitalizar
humanizar
improvisar
individualizar
industrializar
imortalizar
imunizar
intelectualizar
internalizar
ionizar
italianizar
latinizar
liberalizar
localizar
materializar
maximizar
mecanizar
memorizar
militarizar
miniaturizar
minimizar
modernizar
monetizar
monopolizar
moralizar
motorizar
mobilizar
nacionalizar
naturalizar
neutralizar
normalizar

oficializar
otimizar
organizar
paralisar
pasterizar
penalizar
personalizar
pluralizar
polarizar
popularizar
privatizar
profissionalizar
profetizar
protagonizar
pulverizar
puntualizar
satirizar
simbolizar
simpatizar
sincronizar
singularizar
sintetizar
sistematizar
socializar
teorizar
tiranizar
tranquilizar
traumatizar
trivializar
urbanizar
utilizar
vaporizar
vitalizar
visualizar
vocalizar

Chapter 29.
Changing ANCE to ÂNCIA

Many English words that end with **ance** can be made into Portuguese by changing **ance** to **ância/ça**

Here are 29 more Portuguese words you can use right away.

abundância
ambulância
arrogância
assistência
circunstância
distância
elegância
extravagância
fragrância
ignorância
importância
insignificância
intolerância
observância
perseverança
preponderância
redundância
relevância
resistência
ressonância
substância
tolerância
variação
vigilância

Chapter 30.
Changing OUS to OSO

Many English words that end with **OUS** can be made into Portuguese by changing **OUS** to **OSO**.

Translate these words into Portuguese and then check the answers on the next page

1. ambitious   _____
2. amorous   _____
3. anxious   _____
4. contagious   _____
5. delicious   _____
6. furious   _____
7. glorious   _____
8. precious   _____
9. prestigious   _____
10. numerous   _____

Here are more Portuguese words you can use right away.

ambicioso	generoso	poroso
amoroso	glamoroso	precioso
ansioso	glorioso	prestigioso
harmonioso	impetuoso	pretencioso
caloso	incestuoso	prodigioso
canceroso	industrioso	religioso
caprichoso	engenhoso	rigoroso
cavernoso	insidioso	ruinoso
zeloso	laborioso	suspeitoso
cerimonioso	litigioso	supersticioso
contagioso	luminoso	tedioso
copioso	milagroso	tempestuoso
delicioso	malicioso	tortuoso
desastroso	melodioso	tumultuoso
invejoso	meticuloso	vaporoso
escandaloso	misterioso	vicioso
escrupuloso	monstruoso	vitorioso
espaçoso	mucoso	vigoroso
estudioso	nebuloso	virtuoso
fabuloso	nervoso	viscoso
famoso	numeroso	voluminoso
fastidioso	oneroso	voluptuoso
furioso	pomposo	
gasoso	populoso	

Chapter 31.
Changing SI to SiS/SE

This is easy, as the **sis** words are the same as English.

Here are more Portuguese words you can use right away

análises
antítese
chassis
cirrose
crise
diálise
eletrólise
gênese
hidrólise
hipnose
hipótese
metamorfose
Nêmeses

neurose
oásis
osmose
osteoporose
parêntese
prognóstico
prótese
psoríase
psicose
sinopse
síntese
tese
tuberculose

Chapter 32.
Changing ISM to ISMO

Many English words that end with **ISM** can be made into Portuguese by changing **ISM** to **ISMO**.

Translate these words into Portuguese and then check the answers on the next page

1. alcoholism   _____
2. atheism   _____
3. autism   _____
4. baptism   _____
5. Buddhism   _____
6. capitalism   _____
7. Catholicism   _____
8. conservatism   _____
9. spiritualism   _____
10. fanaticism   _____
11. terrorism   _____
12. truism   _____
13. tourism   _____
14. vandalism   _____
15. socialism   _____

Here are more Portuguese words you can use right away.

absentismo
alcoolismo
anacronismo
anarquismo
antagonismo
anticapitalismo
antifascismo
contraterrorismo
ateísmo
autismo
batismo
budismo
capitalismo
catolicismo
cinismo
comunismo
conservadorismo
cubismo
chauvinismo
espiritualismo
eufemismo
evangelismo
exorcismo

extremismo
fanatismo
fascismo
favoritismo
feminismo
feudalismo
fundamentalismo
heroísmo
magnetismo
marxismo
mecanismo
metabolismo
multiculturalismo
nacionalismo
paganismo
patriotismo
pessimismo
pragmatismo
profissionalismo
protecionismo
puritanismo
racismo
sexíssimo

Chapter 33.
Adding M to AGE

Many English words that end with **AGE**, if you add an M on, you can turn it into Portuguese

Translate these words into Portuguese and then check the answers on the next page

1. image   _____
2. advantage   _____
3. message   _____
4. passage   _____
5. voltage   _____
6. garage   _____
7. disadvantage   _____
8. courage   _____
9. drainage   _____
10. massage   _____
11. homage   _____
12. reportage   _____
13. sabotage   _____

Here are more Portuguese words you can use right away

alavancagem
amperagem
ancoragem
arbitragem
bagagem
bagagem
barragem
blindagem
camuflagem
cartilagem
colagem
coragem
corretagem
cubagem
cunhagem
desvantagem
drenagem
espionagem
filmagem
forragem
fotomontagem
fuselagem
garagem
homenagem
imagem
libertinagem
linhagem

massagem
mensagem
miragem
passagem
pastagem
pelagem
peonagem
personagem
pilhagem
plotagem
prensagem
quilometragem
quilometragem
remontagem
repescagem
reportagem
sabotagem
selvagem
senhoriagem
super-dosagem
tonelagem
vagabundagem
vantagem
vantagem
vantagem
voltagem

Chapter 34.
Lists of Similar Words By Topic

The following chapters are different than before. I've organised the shortcut Portuguese words by topic. I've not included the English. I want you to be surprised at how much Portuguese you can translate into English, simply by referencing the words to a particular topic.

If you are unsure of any words, look them up in your Portuguese/English dictionary.

Months of the year	**Telephone**
Janeiro	Telefone
Fevereiro	Celular
Março	Público
Abril	Telefone de emergência
Maio	Assistência
Junho	Informação
Julho	Local
Agosto	Distância
Setembro	Headset
Outubro	Antena
Novembro	Código da área
Dezembro	Discar

Classroom

Teste	Projetor	Coletar
Estudar	O pôster	Copiar
Passar no teste	CD Player	Sentença
O alfabeto	Escola	Nome
O professor	Universidade	Discutir
Estudante	Colégio	Ideias
O globo	Faculdade	Items
O mapa	Curso	Corrigir
Marcador	Graduar	

School

Teste	Copiar	Espanhol
Estudar	Sentença	Estudos sociais
Passar no teste	Nome	Política
O alfabeto	Discutir	Drama
O professor	Ideias	School
Estudante	Items	Semestre
O globo	Corrigir	Primeira
O mapa	Circular	Elementar
Marcador	Português	Clube
Projetor	Matemática	Time
O pôster	Física	Laboratório
CD Player	Educação física	Cafeteria
Escola	Geografia	Auditório
Universidade	Química	Esportes
Colégio	Biologia	Ônibus escolar
Faculdade	Religião	Ginásio de esportes
Curso	História	
Graduar	Inglês	
Coletar	Álgebra	

Computers

Computador	O menu	O touchpad
Internet	Ícones	Software
Surfar na net	Cabo	Hardware
E-mail	Mensagem	Clicar
Deletar	O projetor	Selecionar
CD-ROM	O escâner	Texto
O disco	O desktop	Password
O cursor	O laptop	
O mouse	O monitor	

Documents

Documentos	Registro	Diploma
Nome	Identidade	Naturalização
Sobrenome	Residencial	Assinatura
Inicial	Licen¬ça	Registro do veículo
Sexo	Identidade de estudante	Visto permanente
Data		Visto temporário
Seguro social	Passaporte	Correspondência
Nacional	Certificado	Código postal

Nationalities

Nacionalidades	Filipino
Canadense	Australiano
Americano	Português
Mexicano	Japonês
Britânico	Escocês
Venezuelano	Inglês
Argentino	Irlandês
Italiano	Francês
Indiano	Brasileiro
Iraniano	Grego
Nigeriano	Árabe
Coreano	Vietnamita

Facilities

Hotel	Museu	Shop
Motel	Parque	Salão
Mesquita	Monumento	Ginásio
Escola	público	Circuito de
Sinagoga	Estátua	automobilismo
Hospital	Avenida	Floricultura
Estação de trem	Banco	Café
Estação de metrô	Farmácia	Pet shop
Teatro	Supermercado	Feira
Cinema	Universidade	Galeria de arte
Palácio da justiça	Posto da polícia	Galeria de musica
Posto de gasolina	Estabelecimento	Agência
Posto de turismo	Restaurante	Discoteca

Library

Seção especial	Enciclopédia	Autobiografia
Microfilme	Dicionário	Título
Informações	Glossário	Histórico
Referência	Atlas	Romance
Catálogo online	Autor	Ciência
Seção de ficção	Biografia	

Airport

Aeroporto	Detector de	declaração
Terminal	metal	Imigração
Ticket	Segurança	Primeira classe
Foto	Partidas	Classe econômica
Check in	Monitores	Compartimento
Bagagem	O piloto	Emergência
Passageiro	Formulário de	

Hospital
Vomitar
Enfermeira
Sala de cirurgia
Radiografia
Anestesia
Cirurgião
Operação
Máscara cirúrgica
Laboratório técnico
Visitante
Paciente
Cardiopulmonar

Paramédico
Ambulância
Diagnóstico
Tratamento
Centro médico
Estetoscópico
Formulário médico
Acupuntura
Psicólogo
Pediatra
Cardiologista
Eletrocardiogram

Obstetra
Ultrassom
Recepcionista
Ortopedista
Exame físico
Check-up
Clínico geral
Lentes de contato
Optometrista
Higienista oral
Dentista
Ginecologista

Pharmacy
Farmácia
Pílula
Cápsula
Prescrição médica
Farmacêutico
Medicação
Antiácido
Inalador

Spray nasal
Anti-histamínico
Elástico
Vitaminas
Peróxido
de hidrogênio
Gaze
Aspirina

Bandeje
Creme
antibacteriano
Termômetro
Umidificar
Esterilizar

Park/Events
Playground
Piquenique
Carrossel
Skate
Ciclismo
Local
Nacional

Café
Zoológico
Planetário
Evento esportivo
Boliche
Aquário
Circo

Minigolfe
Ciclovia
Carnaval
Cinema
Teatro
Rodeio

Sports/Exercise

Artes maciais	Tênis	Uniforme
Yoga	Raquete	Esqui
Basquete	Bola	Tobogã
Pingue-pongue	Beisebol	Snowboard
Boxe	Vôlei	Hóquei
Ginástica	Golfe	
Aeróbica	Futebol	

Equipments

Equipamento	CD player	Controle remoto
Rolo de filme	Headphones	Sinal digital
Zoom	Antena	Pausar
Câmera	Vídeo game	Play
Plugue	Vídeo cassete	Controlar
Adaptador	Blue ray	
MP3	DVD	

Jobs

Dentista	Baby-sitter	Pintor
Artista	Repórter	Decorador
Construtor	Manicure	Cientista
Gráfico designer	Advogado	Taxista
Técnico	Soldado	Piloto
Doutor	Recepcionista	Músico
Florista	Fisioterapeuta	Autor
Editor	Guarda de	Agente
Barbeiro	segurança	Assistente
Arquiteto	Instrutor	administrativo
Engenheiro	Tutor	Administrador
Caixa	Professor	Veterinário
Ator	Mecânico	
Carpinteiro	Oficial de polícia	
Eletricista	Fotógrafo	

Enfermidades

Asma	Epilepsia	Colesterol
Artrite	Bronquite	Diabetes
Alergia	Má digestão	Doença cardíaca
Inflamação	Infecção	Hipertensão
Diarreia	Depressão	Osteoporose
AIDS	Ansiedade	Condições sexuais
Tuberculose	Trauma	Stress
Epidemia	Câncer	Congestão nasal

Clothes

O shorte	Suporte atlético	Linho
Jeans	Camisola	Náilon
Uniforme	Botas	Floral
Jaqueta	Polo	Paisley
T-shirt (Portugal)	Suéter	Botão
Biquíni	Cardigã	Zíper
Sandália	Informal	Colarinho
Tênis	Casual	
Pijamas	Esportivo	

Vehicles, traffic Signs

Veículo	Moto	Ambulância
Não entre	Van	Carro compacto
Hospital	Minivan	Conversível
Área escolar	Limusine	Motocicleta
Ônibus escolar	Trailer	Ônibus de turismo
Pick-up	Carro esporte	
Carro	Carro de polícia	

Parts of a car

Tanque de gasolina	Ignição	Radiador
Placa	Pedal	Monitores
Airbag	Acelerador	O piloto
Rádio	Motor	
Ar condicionado	Bateria	

Public transportation

Transporte	Estação de metrô	Sul
Publico	Trem	Leste
Taxi	Metrô	Oeste
Passageiro	Plataforma	Direto
Condutor	Túnel	
Terminal de ônibus	Norte	

Agriculture/ Animals

Agricultura	Antílope	Salamandra
Animais	Elefante	Coiote
Trator	Zebra	Cobra
Vinhedo	Chita	Camelo
Bananeira	Gazela	Tigre
Plantar	Búfalo	Gorila
Avicultura	Leão	Crocodilo
Fóssil	Pinguim	Flamingo
Coala	Golfinho	Pantera
Canguru	Esponja	Insetos
Hiena	Sardinha	Escorpião
Girafa	Esquilo	
Hipopótamo	Racum	
Rinoceronte	Mosquito	

Food

Frutas	Salsicha	Bagel
Pera	Ostras	Sopa
Kiwi	Escalopes	Hot dog
Manga	Filé	Sandwich
Abacate	Salmão	Café
Coco	Truta	Muffin
Limão	Sardinha	Donut
Abricó	Margarina	Catch-up
Papaia	Maionese	Mustarda
Pêssego	Creme	Sushi
Figos	Tofu	Soyo
Tangerina	Iogurte	Burrito
Banana	Geléia	Taco
Amêndoas	Salada	Salsa
Pistachos	Bacon	Tortilha
Fruta tropical	Pizza	Brócolis
Porco	Lasanha	Aspargos
Aves	Espaguete	Espinafre
Salame	Hambúrguer	Tomate

Math

Matemática	Fração	Pirâmide
Menos	Geometria	Oval
Mais	Álgebra	Círculo
Igual	Curva	Diâmetro
Soma	Ângulo	Circunferência
Adição	Linha perpendicular	Cubo
Porcentagem	Retângulo	Esfera
Multiplicação	Triângulo	Conc
Divisão	Cilindro	

Science
Ciência	Sólido	Fórmula
Biologia	Líquido	Cilindro graduado
Química	Gás	Frasco
Químico	Tubo	Microscópio
Física	Tabela periódica	Funil
Prisma	Elemento	Magneto
Fórceps	Átomo	
Balança	Molécula	

Writing
Letra	Pontuação	Copiar
Frase	Ponto	Editar
Sentença	de interrogação	Processar
Parágrafo	exclamação	Vocabulário
Dissertação	Apóstrofe	Sílaba
Margem	Parênteses	Termo
Título	Hífen	Ideias

History
História	Humano	Defender
Explorar	Migrar	Descobrir
Governar	Criar	Satélite
Inventar	Produzir	Aviação

Arts
Artes	Fotógrafo	Microfone
Modelo	Balé	Guitarrista
Pintura	Dançarino	Ator
Pintor	Máscara	Programa
Mural	Orquestra	Ópera
Escultura	Audiência	
Escultor	Concerto musical	

Instruments

Instrumentos	Saxofone	Banjo
Címbalos	Flauta	Harpa
Marimba	Aboé	Piano
Maracas	Clarinete	Órgão
Tuba	Citarra	Acordeão
Trombone	Violino	
Trompete	Guitarra	

TV and music

Televisão e música	Animação	Reality show
Filme	TV a cable	Programa sobre a natureza
Ação	Satélite	
Comédia	Comercial	Programa infantil
Aventura	Propaganda	Esportes
Mistério	Seriados	Reality show
Suspense	Game show	Pop
Drama	Talk show	Rock
Romance	Programa sobre a natureza	Jazz
Fantasia		Blues
Terror	Programa infantil	R&B
Documentário	Esportes	Hip hop
Clássica		

Weather

Temperatura	Vulcão	Caverna
Célsius	Vale	Floresta
Fahrenheit	Lago	Península
Termômetro	Ilha	Rio
Pico	Cratera	Oceano
Montanha/monte	Deserto	Baía
Planície		

Energy, pollution, nature

Energia	Tornado	Petróleo
Poluição	Erupção vulcânica	Energia geotérmica
Natureza	Poluição do ar	Energia solar
Desastres naturais	Radiação	Energia nuclear
Fome	Gás natural	Energia hidroelétrica
Avalanche	Poluição de automóveis	
Tsunami		

Continents

Continentes	Equador	Europa
Polo norte	Hemisfério sul	África
Polo sul	Hemisfério norte	Ásia
Círculo polar antártico	América do sul	Oceania
	América do norte	Antártida

The Universe

O universo	Satélite	Marte
Estação espacial	Atmosfera terrestre	Júpiter
Constelação	Meteoro	Saturno
Estrela	Cometa	Urano
Eclipse	Planetas	Netuno
Órbita	Mercúrio	Plutão
Galáxia	Vênus	Astronauta
Espaço	Terra	Solar

Measures

Um quarto	Uma barra	Contêiner
Um terço	Litro	Quilograma
Time	Galão	Quilômetro
Buquê	Jarra	Metro

Hotel
Reserva
Check in
Check out
Suite
Recepção
Formulário de registro
Restaurante

Bar
SPA
Sauna
Ginásio
Valet
Luxo

Garden
Rosa
Flores
Plantas
Tronco
Pétala

Írises
Crisântemos
Violetas
Orquídeas
Gerânios

Factory
Designer
Robô
Supervisor
Operador de máquina
Área de segurança
Extintor

Material venenoso
Material explosivo
Agente biológico
Material inflamável
Material radioativo

Politics
Política
Candidato político
Voto
Eleitor
Voting
Suprema corte
Tribunal eleitoral

Congresso
Senador
Presidente
Vice
Deputado
Protesto
Cancelar

Types of Homes
Tipo
Tenda
Chalé
Duplex
Apartamento
Flat
Condomínio
Villa

Palácio
Iglu
Rancho
Dormitório
Castelo
Subúrbio
Área urbana
Área rural

Parts of the house or apartments

Partes da propriedade
Corredor
Ar condicionado
Salão de ginástica
Varanda

Elevador
Chaminé
Garagem
Pátio

Appliances and furniture
Micro-ondas
Gabinete
Refrigerador
Freezer
Elétrico
Gás
Sofá
Cortina

Ventilador
Interruptor
Termostato
Closet
Carpete
Alarme
Toalhete

Crime and Justice
Crime
Justiça
Vandalismo
Roubo armado
Gangue
Violência
Grafite
Vítima
Testemunha
Criminal

Marginal
Prisioneiro
Advogado
Policial
Prisão
Tribunal
Júri
Drogas
Tráfico
Cometer uma ofensa

Cities

Cidade
Capital
Território
Região

População
Nação
Cidadão
Estádio

Feelings

Interessado
Calmo
Nervoso
Agitado
Frustrado
Confuso

Entusiasmado
Surpreso
Confortável
Inconfortável
Animado

Family

A Família
Mãe
Esposo
Companheiro (a)
Par
Matrimonial
Divórcio

O ex- parceiro
A ex-parceira
Conforto
Proteger
Disciplina
Encorajar

Life Events

Infante
Infantil
Bebê
Adolescente
Adulto
Imigrar
Graduar
Comemorar
Aniversário
Sênior

Seasons of the year

Outono

Shopping

Centavos
Dollar
Código de barras
Cheque
Cartão de crédito
Total
Preço

Banking
Banco
Depósito
Cheque
investimentos

Personal hygine
Higiene pessoal
Shampoo
Condicionador
Gel
Rolos

Post Office
Envelope
Código postal
Primeira classe
Segunda classe
Especial
Pessoal
Assinatura

Appearance
Aparência
Capilar
Prescrição
Daily Activities
Dia
Atividades
Exercícios

Colours
Bege
Marrom
Creme
Coral

Fio dental
Desodorante
Perfume
Loção

Celebrations
Comemorações
Parada
Chocolates
Dia da independência
Flores
Halloween
Balão
Aniversário

Office
Fotocopiadora
Computador
Calculadora
Telefone
Fax
Secretária

Chapter 35.

The Relationship Between Latin Root Languages

Albacore

>from *albacore* from Arabic *al-bukr* (="the young camels")

Albino

>from *albino*, with the same meaning, from Latin *albus*

Albatross

>an alteration of *alcatraz*, under influence of the Latin word *albus* ("white");

Alcatraz

>(="gannet") from Arabic al-ġaṭṭās ("the diver")

Amah

>from Portuguese ama, nurse, housemaid, from Medieval Latin amma, mother

Anil

>from *anil*

Auto-da-fé, a judicial 'act' or sentence of the Inquisition

>from *auto da fé* (= "act/sentence of faith")

Banana

>from Spanish or Portuguese (more probably from Portuguese, as the most widespread Spanish word is *plátano*); Spanish, from Portuguese, of African origin; akin to Wolof *banäna* banana

Baroque

from *barroco* (adj. = "unshapely")

Breeze

(= "from Portuguese word brisa")

Bossa nova

(= "new trend" or "new wave")

Buccaneer

from Tupi *mukém*

Cachalot

from Portuguese *cachalote* (same meaning), probably via Spanish or French. The Portuguese word comes from *cachola* ("head" or "big head").

Carambola

Portuguese, perhaps from Marathi *karambal*

Caramel

from *caramelo*, caramel, from Late Latin *calamellus*

Caravel

from *caravela*

Carioca

from Tupi "carioca" (cari = white men, oca = house; house of the white men), via Portuguese *carioca* (native of Rio de Janeiro)

Carnauba

from *carnaúba*

Caste

from *casta*

Cashew

from *caju* (a tropical fruit)

China

from *china* (country), porcelain

Cobra

from *cobra* (snake)

Coconut

from *côco* (boogeyman head, grinning skull, goblin, coconut)

Commando

from *comando*

Cougar

from French couguar, from Portuguese suçuarana, perhaps from Tupian or Guaraní.

Cow-tree

a tree abundant in a milk-like juice : from árvore, palo de vaca (="tree of cow")

Creole

French créole, from Castilian Spanish criollo, person native to a locality, from Portuguese crioulo, diminutive of cria, ("'person raised in one's house with no blood relation, a servant'"), < Portuguese criar ("'to rear, to bring up'") , from Latin creare, to beget; < Latin creo ("'to create'"), which came into English via French between 1595 and 1605. [same root as *creature*]

Portuguese Shortcut

Dodo

According to *Encarta* Dictionary and *Chambers Dictionary of Etymology*, "dodo" comes from Portuguese *doudo* (currently, more often, *doido*) meaning "fool" or "crazy". The present Portuguese word *dodô* ("dodo") is of English origin. The Portuguese word *doudo* or *doido* may itself be a loanword from Old English (cp. English "dolt").

Emu

from *ema* (="rhea")

from Portuguese *guaraná*, from Tupi *warana*

Jaguar

from Tupi or Guaraní via Portuguese

Junk

from *junco*, from Javanese djong (Malay adjong).

Lambada

from *lambada* (="beating, lashing")

Macaque

from *macaco*, through French

Macaw

from *macau*

Mandarin

from *mandarim*, from the Portuguese verb *mandar* and the Malay *mantri*, from Hindi *matri*, from Sanskrit *mantrin* (="counsellor")

Mango

from *manga*, via Malay *mangga*, ultimately from Tamil *mānkāy*

Mangrove

probably from Portuguese *mangue* mangrove (from Spanish *mangle*, probably from Taino) + English *grove*

Manioc

from *mandioca* from Tupi

Maraca

from *maracá* from Tupi

Marimba

from Portuguese, of Bantu origin; akin to Kimbundu ma-rimba : ma-, pl. n. pref. + rimba, xylophone, hand piano

Marmalade

from *marmelada*, a preserve made from *marmelo* (="quince")

Molasses

from *melaço*

Monsoon

from *monção*

Mosquito

from *Mosquito* meaning 'little fly'

Mulatto

from *mulato*

Negro

Negro means "black" in Spanish and Portuguese, being from the Latin word *niger* (Dative *nigro*, Accusative *nigrum*) of the same meaning. It came to English through the Portuguese and Spanish slave trade. Prior to the 1970s, it was the dominant term for Black people of African origin; in most English language contexts (except its inclusion in the names of some organizations founded when the term had currency, e.g. the United Negro College Fund), it is now considered either archaic or a slur in most contexts.

Pagoda

from *pagode*

Palaver

a chat, from *palavra* (="word"), Portuguese palavra (word), parabola (parable), speech (current fala, discurso), chat (current bate-papo, papo {pronunc. : buatchy papoo}, palavrinha, conversa and also Eng. chat) alteration of Late Latin parabola, speech, parable.

Palmyra

from *palmeira*

Pickaninny

from *pequenina* or *pequeninha*

Piranha

from *piranha*, from Tupi *pirá* ("fish") + *ánha* ("cut")

Sablefish

from *sável*

Samba

from *samba*, ultimately of Angolan origin

Sargasso

from *sargaço*

Savvy

from *sabe* he knows, from *saber* to know

Tank

from *tanque*

Tapioca

from *tapioca*

Teak

from *teca*

Verandah

from *varanda* (="balcony" or "railing"), from Hindi *varanda* or Bengali *baranda*

Yam

from *inhame* from West African *nyama* (="eat")

Zebra

from *zebra* (same meaning), which started as the feminine form of *zebro* (a kind of deer), from vulgar Latin *eciferus*, classical Latin EQUIFERVS.

For further language-learning resources, visit www.theportugueseteacher.co.uk

Printed in Great Britain
by Amazon.co.uk, Ltd.,
Marston Gate.